JN028988

甘すぎない、大人の味わい

アイスクリーム &
シャーベット

CREAM & CHOCOLATE, FRUITS & HERBS
TEA & COFFEE, SWEET SAKE & SAKE LEES

坂田阿希子　　中川たま　　本間節子　　寺田聡美

家の光協会

CONTENTS

4 　材料について
6 　道具について

ICECREAM & SHERBET 1
CREAM/
CHOCOLATE

坂田阿希子さん
クリーム / チョコレート

10 　バニラアイスクリーム
12 　チョコレートアイスクリーム オレンジ風味
14 　ハニーバニラアイスクリーム
14 　くるみチョコレートアイスクリーム
15 　チョコミントのシャーベット
16 　キャラメルアイスクリームとバナナのパフェ
18 　チョコレートアイスクリームのダークチェリーソース
20 　ホワイトチョコレートとココナッツのアイスクリーム
22 　マスカルポーネアイスクリーム アマレットがけ
24 　チョコレートといちごのアイスキャンディー

ICECREAM & SHERBET 2
FRUITS/HERBS

中川たまさん
フルーツ / ハーブ

28 　レモンシャーベット
29 　レモンマーマレードシャーベット
30 　モヒートグラニテ
30 　すいかとバジルのグラニテ
32 　マンゴーと杏仁のアイスクリーム
34 　メロンと新しょうがのソルベ
34 　いちごとローズマリー、ホワイトバルサミコのソルベ
36 　ブルーベリーとラベンダー、ミルクのアイスクリーム
38 　キウイとヨーグルトのシャーベット
38 　パイナップルとヨーグルト、カルダモンのシャーベット
40 　グレープフルーツとキャラメルのシャーベット
42 　ミックスベリーとナッツのカッサータ

ICECREAM & SHERBET 3
TEA/COFFEE

本間節子さん
ティー / コーヒー

46　抹茶のアイスクリーム
48　コーヒーアイスクリーム
50　抹茶小豆アイスクリーム
50　コーヒーとチョコレートのマーブルアイスクリーム
51　ほうじ茶のアイスクリーム
52　アールグレイといちごのマーブルアイスクリーム
54　チャイのアイスクリーム
56　煎茶のシャーベット ミント風味
57　コーヒーシャーベット ラム酒＆ホイップクリームのせ
58　紅茶のグラニテ 柑橘風味
58　烏龍茶のグラニテ しょうが風味
60　コーヒークリームチーズアイスケーキ

ICECREAM & SHERBET 4
SWEET SAKE / SAKE LEES

寺田聡美さん
甘酒 / 酒粕

64　甘酒きなこアイスクリーム
66　酒粕ドライフルーツ＆ナッツアイスクリーム
67　酒粕煮りんごアイスクリーム
68　甘酒チョコレートアイスクリーム いちじくの日本酒漬け添え
70　甘酒いちごヨーグルトアイスクリーム
70　甘酒ブルーベリーヨーグルトアイスクリーム
72　甘酒かぼちゃココナッツアイスクリーム
74　甘酒ずんだアイスクリーム
74　甘酒黒ごまアイスクリーム
76　甘酒キウイシャーベット
77　甘酒ゆずシャーベット 日本酒がけ
78　さつまいも甘酒のアイスクリーム

材料について

この本で紹介するアイスクリームはシンプルな材料で作るものばかり。
だからこそ、材料選びのポイントをおさえると、ぐっとおいしくなります。
各パートのテーマの材料について、選び方や注意点をまとめました。

ICECREAM & SHERBET 1
CREAM/CHOCOLATE

クリーム / チョコレート
坂田阿希子さん

坂田さんのリッチな味わいのアイスクリームで
使う生クリームは、動物性のものを。乳脂肪分
35〜47％のものならお好みでかまいません。乳
脂肪分が高いほど、濃厚な味に仕上がります。
チョコレートは「クーベルチュールチョコレー
ト」と呼ばれる製菓用のタブレット状のチョコ
レートがおすすめですが、板チョコでもOKです。
板チョコを使う場合はカカオ分60％以上のもの
を選びましょう。

ICECREAM & SHERBET 2
FRUITS/HERBS

フルーツ / ハーブ
中川たまさん

中川さんのフレッシュな味わいのシャーベットや
アイスクリームは旬のフルーツを使うと格別で
すが、マンゴーやブルーベリーは、冷凍のものを
使ってもおいしく作れます。
レモンやライムなどの柑橘類の皮を使うものは、
国産の無農薬のものが安心です。手に入らない
場合は、塩をもみ込んで洗う、熱湯でさっとゆで
てから洗うなどして農薬やワックスを取り除きま
しょう。
ハーブは新鮮なものを。香りが楽しめます。

ICECREAM & SHERBET 3
TEA / COFFEE

ティー / コーヒー
本間節子さん

〰〰〰〰〰〰〰〰〰〰〰〰

本間さんの香り豊かなアイスクリームやグラニ
テ。お茶やコーヒーとひと口に言っても、たくさ
ん種類がありますが、基本的にはお好みのもので
かまいません。紅茶は、ミルクと合わせるアイス
クリームにはアールグレイが、涼しげな色を楽し
むグラニテには明るく美しいセイロンティーがお
すすめです。
コーヒーは中〜深いりのものを使うと、コクが
あって、香りのよいアイスクリームになります。
深いりになるほど、濃厚な味わいに。

ICECREAM & SHERBET 4
SWEET SAKE / SAKE LEES

甘酒 / 酒粕
寺田聡美さん

〰〰〰〰〰〰〰〰〰〰〰〰

ヘルシーで軽やかな味わいの寺田さんのアイス
クリームはすべて甘酒で甘みをつけています。
甘酒の作り方は65ページで紹介していますが、
市販のものでもOKです。2倍濃縮甘酒として売
られているもので、できれば米と麹だけで作られ
たものを選びましょう。
酒粕は板状の「板粕」と呼ばれるものが使いや
すいです。酒粕にはアルコール分が8％ほど残っ
ているので、アルコールに弱い方やお子さんは、
少し水を加えて火にかけ、アルコール分をとばし
てから使うと安心です。

道具について

この本ではアイスクリームメーカーは使いません。
保存袋かバットのどちらかに入れて凍らせるレシピを紹介しています。
特別な道具は必要ないので、気軽に作れます。

[保存袋]

この本では一般的に M サイズとして売られている 19×
17.5 cm のものを使用しています。3〜4人分のアイス
クリームが作れます。しっかり密閉できるフリージング
用のものがおすすめ。

[バット]

「キャビネサイズ」と呼ばれる、21×16.5×深さ3cmの
ものを使っています。家庭の冷凍庫でも凍らせやすい
サイズです。保存袋同様、3〜4人分のアイスクリーム
が作れます。暑い時期は調理前に冷やしておくと、溶け
にくくなります。素材はホーローでも、ステンレスでも
かまいません。ホーローは冷凍庫から出したてのアイ
スクリームを直火に軽くかけて、ほどよく溶かすことが
できます。ステンレスはホーローより、早く凍ります。

▶ 保存袋の使用例

とろみのない液体を
保存袋に入れるときは、
ボウルに立てると入れやすい。

保存袋に入れて凍らせたら、
食べる前に少し室温において、
手でもむと、なめらかに。

保存袋に入れて凍らせるときは、
平らに。ステンレスバットにのせると
平らになりやすく、凍りやすい。

▶ バットの使用例

キャビネサイズのバットだと
表面積が広いので、
ソースでマーブル模様をつけるのがラク。

アイスケーキ風にするときは、
バットにオーブンシートを
敷くと取り出しやすい。

グラニテを作るときは、
凍ったら、フォークでかいて
かき氷状にします。

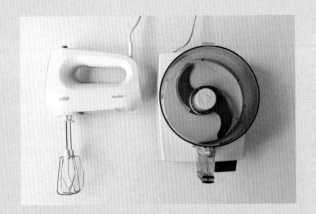

[ハンドミキサー]

凍らせた液体をゆるめたり、生クリームを泡立てたりするときに使います。泡立て器を使うより、短時間で作業が進められます。

[フードプロセッサー]

材料を合わせるときに使うと、短時間で均一に混ざります。また、アイスクリームの仕上げにも活躍します。食べる前にフードプロセッサーにかけると、アイスクリームに空気が含まれ、ふんわりなめらかな食感に。代わりにハンドブレンダーを使ってもOK。

▶ ハンドミキサーの使用例

ハンドミキサーは半冷凍した
液体を素早く混ぜるときに役立ちます。

▶ フードプロセッサーの使用例

バットで凍らせたアイスクリームを
少し室温において溶かし、5〜6cmの角切りにして
フードプロセッサーにかけます。

[大きめのスプーン、ディッシャー]

盛りつけのときに使います。ディッシャーを使えばお店のような盛りつけに。ディッシャーがなくても大きめのスプーンがあれば大丈夫。

スプーンを2本使って、
丸く形を整えながら盛るのもかわいい。

[そのほかの道具]

◎ ボウル：アイスクリーム作りには、冷えやすいステンレス製のものがおすすめです。
◎ 鍋：牛乳や生クリームなどを温めるときに使います。小さめのもので OK。
◎ 茶こし、こし器：茶葉やコーヒー粉をこすほか、なめらかに仕上げるためにも使います。

◎ 泡立て器：生クリームを泡立てるとき以外にも、材料をすり混ぜたいときに使います。
◎ ゴムべら：材料を混ぜるとき、保存袋やバットに移すときに必要です。耐熱性のものを。
◎ 紙コップ、パウンド型、ケーキ型、カヌレ型など：各パートの最後のレシピは型を使いました。

CREAM/CHOCOLATE

坂田阿希子さん

クリーム / チョコレート

リッチでクリーミーなバニラアイスクリーム。
濃厚で、ほのかにビターなチョコレートアイスクリーム。
2つの王道アイスクリームを教えてくれるのは、
東京・代官山のレストラン「洋食 KUCHIBUE」の坂田阿希子さん。
まるでレストランで食べるような、できたてのアイスクリームのおいしさは格別です。
ここでは、生クリームとチョコレートをベースにした
本格的な味わいのレシピを紹介します。

バニラアイスクリーム

作りたてのおいしさを味わえるのは
手作りだからこそ。
卵とミルクとバニラのシンプルな風味と
スッと消える口溶けのよさをぜひ楽しんで。

材料（21×16.5×深さ3cmのバット1個分）
牛乳　300ml
生クリーム　80ml
バニラビーンズ
　（縦に切り目を入れておく）　1/2本
卵黄　3個
グラニュー糖　80g

作り方

1. 鍋に牛乳と生クリーム、バニラビーンズを入れて、沸騰直前まで温める（a）。バニラビーンズは取り出す。

2. ボウルに卵黄とグラニュー糖を入れ、泡立て器で白っぽくなるまですり混ぜる（b）。1を加えて混ぜる。

3. 2をこし器でこしながら鍋に移す。中火にかけ、ゴムべらで鍋底をこするようにして混ぜながら、とろりとするまで加熱（80℃が目安）する（c）。

4. 底を氷水にあてたボウルに3を再度、こし器でこしながら移し（d）、冷ます。1のバニラビーンズをしごいて加え（e）、ゴムべらで混ぜる。

5. バットに流し入れ（f）、ラップをかけて冷凍庫で凍らせる。

6. フードプロセッサーにかけてなめらかになるまで攪拌し、再度バットに入れて1時間ほど凍らせる。
   ＊食べる前にフードプロセッサーにかけると、なめらかに仕上がる。

a

b

c

d

e

f

チョコレート
アイスクリーム
オレンジ風味

上質なチョコレートをたっぷり使った
リッチなアイスクリーム。
ミルクに移したオレンジの香りが
ワンランク上の味わいに。

材料（21×16.5×深さ3cmのバット1個分）
牛乳　320㎖
オレンジ（国産）の皮　1個分
クーベルチュールチョコレート　110g
生クリーム　130㎖
卵黄　3個
グラニュー糖　40g
ココアパウダー　15g
コアントロー　小さじ1～（お好みで）

作り方

1. 鍋に牛乳と適当な大きさに切ったオレンジの皮を入れ、沸騰直前まで温める。ふたをして30分以上蒸らし、香りを移す（a）。

2. ボウルにチョコレートを入れ、沸騰させた生クリームを加えて溶かし、ガナッシュを作る（b）。

3. 別のボウルに卵黄とグラニュー糖を入れ、泡立て器で白っぽくなるまですり混ぜる。1をこし器でこしながら加え（c）、泡立て器で混ぜる。

4. 3を鍋に移して中火にかけ、ゴムべらで鍋底をこするようにして混ぜながら、とろりとするまで加熱（80℃が目安）する（d）。

5. 底を氷水にあてたボウルに4を再度こし器でこしながら移し、冷ます。

6. 5に2のガナッシュとふるったココアパウダーを交互に加えて混ぜる（e・f）。このとき、ガナッシュに5を少し加えて混ぜておくと混ざりやすくなる。

7. コアントローを加えて混ぜ、バットに流し入れ、ラップをかけて冷凍庫で凍らせる。

8. フードプロセッサーにかけてなめらかになるまで攪拌し、再度バットに入れて1時間ほど凍らせる。器に盛り、オレンジの皮の細切り（分量外）を適量のせる。

＊食べる前にフードプロセッサーにかけると、なめらかに仕上がる。

a　b　c
d　e　f

arrange

ハニーバニラ
アイスクリーム

バニラアイスクリームに
芳醇な香りのはちみつを合わせました。
花の種類によって、香りや味が違うので
お好みのもので楽しんで。

作り方
バニラアイスクリーム (p.10) の材料のグラニュー糖
を半量の40 gにし、はちみつ60 gを加える。作り方
2で卵黄とグラニュー糖を混ぜた後、はちみつを加
え、その後は同様に作る。好みで食べるときに、はち
みつをかける。

arrange

くるみチョコレート
アイスクリーム

くるみの香りと歯ごたえがチョコレートの
風味に絶妙にマッチ。
ナッツはローストすることで
香りと香ばしさがさらに際立ちます。

作り方
くるみ(無塩)適量は140〜150℃のオーブンで20分
ほどローストする。軽く刻み、チョコレートアイスク
リーム オレンジ風味 (p.12)に好みの量をかける。

チョコミントのシャーベット

〉 カカオのリッチな風味と
〉 ほのかに残るミントのさわやかな香り。
〉 ザクザクとした口当たりも楽しい。

材料（21×16.5×深さ3cmのバット1個分）
水　200mℓ
牛乳　100mℓ
スペアミントの葉　10g
グラニュー糖　50g
クーベルチュールチョコレート　40g
ココアパウダー　8g

作り方

1. 鍋に水と牛乳を入れて中火にかけ、沸騰したらスペアミントを加えて火を止め、ふたをして5分蒸らす。グラニュー糖を加えて混ぜ、溶かす。

2. ボウルに刻んだチョコレートを入れ、1を少しずつ加えて泡立て器で混ぜる。ふるったココアパウダーを加えてさらに混ぜる。

3. バットに2をこし器でこしながら流し入れ、粗熱がとれたら冷凍庫に入れて凍らせる。1時間ほどしたら、スプーンで全体をかき混ぜ、さらに30分後にもう一度混ぜる。

4. 食べる直前にフォークでかいて、かき氷状にする。器に盛り、たっぷりのスペアミント（分量外）を飾る。

キャラメルアイスクリームと
バナナのパフェ

キャラメルはギリギリまで焦がして
香りと苦みを引き出します。
キャラメルナッツの香ばしさと
バナナを合わせた大人のパフェ。

材料（21×16.5×深さ3cmのバット1個分）
牛乳　300mℓ
生クリーム　60mℓ
グラニュー糖　50g
水　小さじ1〜2
卵黄　3個
きび砂糖　60g
キャラメルナッツ（下記参照）、
　バナナ、生クリーム　各適量

作り方

1. 鍋に牛乳と生クリームを入れて沸騰直前まで温める。

2. 別の鍋にグラニュー糖、水を入れて強火にかけ、グラニュー糖が焦げて黒くなってきたら、1を少しずつ加えながら混ぜる。

3. ボウルに卵黄ときび砂糖を入れ、泡立て器でもったりとするまですり混ぜ、2を加えて混ぜ合わせる。

4. 3をこし器でこしながら鍋に移す。中火にかけ、ゴムべらで鍋底をこするようにして混ぜながら、とろりとするまで加熱（80℃が目安）する。すぐに鍋の底を氷水にあてて冷ます。

5. バットに流し入れ、ラップをかけて冷凍庫で凍らせる。

6. フードプロセッサーにかけてなめらかになるまで攪拌し、再度バットに入れて1時間ほど凍らせる。
   ＊食べる前にフードプロセッサーにかけると、なめらかに仕上がる。

7. 器にカットしたバナナ、割ったキャラメルナッツ、アイスクリームを盛りつけ、八分立てにした生クリームを添える。

[**キャラメルナッツ**]

材料（作りやすい分量）
ヘーゼルナッツ（無塩）　60g
グラニュー糖　100g

作り方
ヘーゼルナッツは140℃のオーブンで20分ほどローストし、粗く刻む。鍋にグラニュー糖と水少々を入れ、中火にかける。まわりが焦げてきたら鍋をゆすり、全体的にキャラメル色になったら、ヘーゼルナッツを加える。鍋をゆすりながらからめ、オーブンシートを敷いた天板に流し、冷ます。割って使う。

チョコレート
アイスクリームの
ダークチェリーソース

〉赤ワインで煮たダークチェリーソースを
〉チョコレートアイスクリームにかけて。
〉最高の一皿に仕上がります。

材料（21×16.5×深さ3cmのバット1個分）
牛乳　320mℓ
クーベルチュールチョコレート　110g
生クリーム　130mℓ
卵黄　3個
グラニュー糖　40g
ココアパウダー　15g
コアントロー　小さじ1〜（お好みで）
　＊グランマルニエ、ブランデーでもよい
ダークチェリーソース（下記参照）　適量

作り方

1. 鍋に牛乳を入れ、沸騰直前まで温める。

2. ボウルにチョコレートを入れ、沸騰させた生クリームを加えて溶かし、ガナッシュを作る。

3. 別のボウルに卵黄とグラニュー糖を入れ、泡立て器で白っぽくなるまですり混ぜる。1を加えて混ぜる。

4. 3を鍋に移して中火にかけ、ゴムべらで鍋底をこするようにして混ぜながら、とろりとするまで加熱（80℃が目安）する。

5. 底を氷水にあてたボウルに4をこし器でこしながら移し、冷ます。

6. 5に2のガナッシュとふるったココアパウダーを交互に加えて混ぜる。このとき、ガナッシュに5を少し加えて混ぜておくと混ざりやすくなる。

7. コアントローを加えて混ぜ、バットに流し入れ、ラップをかけて冷凍庫で凍らせる。

8. フードプロセッサーにかけてなめらかになるまで攪拌し、再度バットに入れて1時間ほど凍らせる。器にチョコレートアイスクリームとダークチェリーソースを一緒に盛りつける。

＊食べる前にフードプロセッサーにかけると、なめらかに仕上がる。

[**ダークチェリーソース**]

材料（作りやすい分量）
ダークチェリー(缶詰)　1缶(220g)
赤ワイン　100mℓ
グラニュー糖　60g
バニラビーンズ　1本

作り方
鍋に水気をきったダークチェリーと残りの材料を入れて火にかけ、水気が2/3量くらいになるまで弱火で煮る。粗熱をとって、冷やしておく。

ホワイトチョコレートと
ココナッツのアイスクリーム

ホワイトチョコレート、ラム、
ココナッツの組み合わせが
絶妙な味わいを作り出します。
甘酸っぱいパイナップルを添えて。

材料（21×16.5×深さ3cmのバット1個分）
ココナッツファイン　60g
牛乳　300㎖
生クリーム　60㎖
卵黄　3個
グラニュー糖　30g
ホワイトチョコレート　70g
ラム酒　適量（お好みで）
ココナッツファイン（ローストしたもの）、
　パイナップル　各適量

作り方

1. ココナッツファインは140℃のオーブンで15分ローストする。

2. 鍋に牛乳と生クリーム、1を入れて、沸騰直前まで温める。ふたをして30分ほど蒸らして香りを移す。

3. ボウルに卵黄とグラニュー糖を入れ、泡立て器で白っぽくなるまですり混ぜる。2をこし器でこしながら加え、よく混ぜる。

4. 鍋に戻して中火にかけ、ゴムべらで鍋底をこするようにして混ぜながら、とろりとするまで加熱（80℃が目安）する。

5. ボウルに刻んだホワイトチョコレートを入れ、4を少しずつ加えて溶かし、よく混ぜ合わせる。ボウルの底を氷水にあてて冷ます。

6. ラム酒を加えて混ぜ、バットに流し入れ、ラップをかけて冷凍庫で凍らせる。

7. フードプロセッサーにかけてなめらかになるまで攪拌し、再度バットに入れて1時間ほど凍らせる。器に盛り、ココナッツファインをふり、カットしたパイナップルを添える。

＊食べる前にフードプロセッサーにかけると、なめらかに仕上がる。

マスカルポーネアイスクリーム
アマレットがけ

マスカルポーネチーズのミルキーなコクと
ねっとりとした食感が独特のおいしさ。
杏のリキュール、アマレットの
ふんわり甘い香りがよく合います。

材料（21×16.5×深さ3cmのバット1個分）

牛乳　160mℓ

グラニュー糖　100g

卵黄　2個

生クリーム　80mℓ

マスカルポーネチーズ　200g

アマレット　適量（お好みで）

作り方

1. 鍋に牛乳とグラニュー糖の半量を入れて、沸騰直前まで温める。

2. ボウルに卵黄と残りのグラニュー糖を入れ、泡立て器で白っぽくなるまですり混ぜる。1を加え、混ぜ合わせる。

3. 2をこし器でこしながら鍋に移す。中火にかけ、ゴムべらで鍋底をこするようにして混ぜながら、とろりとするまで加熱（80℃が目安）する。

4. 底を氷水にあてたボウルに3を再度、こし器でこしながら移して冷ます。

5. 別のボウルに生クリームを入れ、ハンドミキサーで六～七分立てにする。マスカルポーネチーズを加えて泡立て器で混ぜ、さらに4を加えて混ぜる。

6. バットに流し入れ、ラップをかけて冷凍庫で凍らせる。

7. フードプロセッサーにかけてなめらかになるまで攪拌し、再度バットに入れて1時間ほど凍らせる。器に盛り、好みの量のアマレットをかける。

＊食べる前にフードプロセッサーにかけると、なめらかに仕上がる。

まずはマスカルポーネアイスクリームを味わってから、アマレットをかけて、味の変化を楽しんでも。

チョコレートといちごの
アイスキャンディー

甘さを抑えたチョコレート味と
フレッシュさを生かしたいちご味を
二層に仕上げました。
大人に味わってほしい
リッチなアイスキャンディーです。

材料（容量90mℓの紙コップ10〜12個分）
チョコレート　80g
牛乳　100mℓ
生クリーム　100mℓ
ココアパウダー　大さじ1
グラニュー糖　40g＋90g
熱湯　大さじ4
いちご(ヘタを取る)　200g
レモン汁　少々
水　50mℓ

作り方

1. ボウルに刻んだチョコレートを入れ、沸騰直前まで温めた牛乳と生クリームを加え、泡立て器で混ぜる。
2. 別のボウルにココアパウダーとグラニュー糖40gを入れてよく混ぜ、熱湯を少しずつ加えて混ぜる。
3. 1に2を加えて混ぜ、粗熱をとる。
4. ミキサーにいちごとグラニュー糖90g、レモン汁、水を入れて攪拌する。
5. 紙コップの1/4（約20mℓ）くらいまで4を流し入れ、冷凍庫で凍らせる。しっかり凍ったら、3を紙コップの半分〜3/4まで流し入れる。アルミホイルでふたをして棒を差し、冷凍庫で2時間以上凍らせる。
   ＊キルシュやホワイトラムなどを加えてもおいしい。

容量 90mℓ の紙コップがアイスキャンディーには
ちょうどいいサイズ。棒は木製のコーヒーマドラーを使いました。
食べるときは、紙コップを破いて取り出します。

ICECREAM & SHERBET 2

FRUITS／HERBS

中川たまさん

フルーツ / ハーブ

暑い日の午後に食べたくなる、さわやかなシャーベット。
フレッシュなフルーツやハーブを楽しむレシピを
教えてくれるのは、神奈川県逗子市在住の料理家、中川たまさん。
素材の味を生かした、シンプルなレシピは、
思い立ったらすぐに作れる手軽さ。
フローズンカクテルや、アイスケーキ風にして楽しむアイデアも。
フルーツやハーブの鮮やかな色にも、心がときめきます。

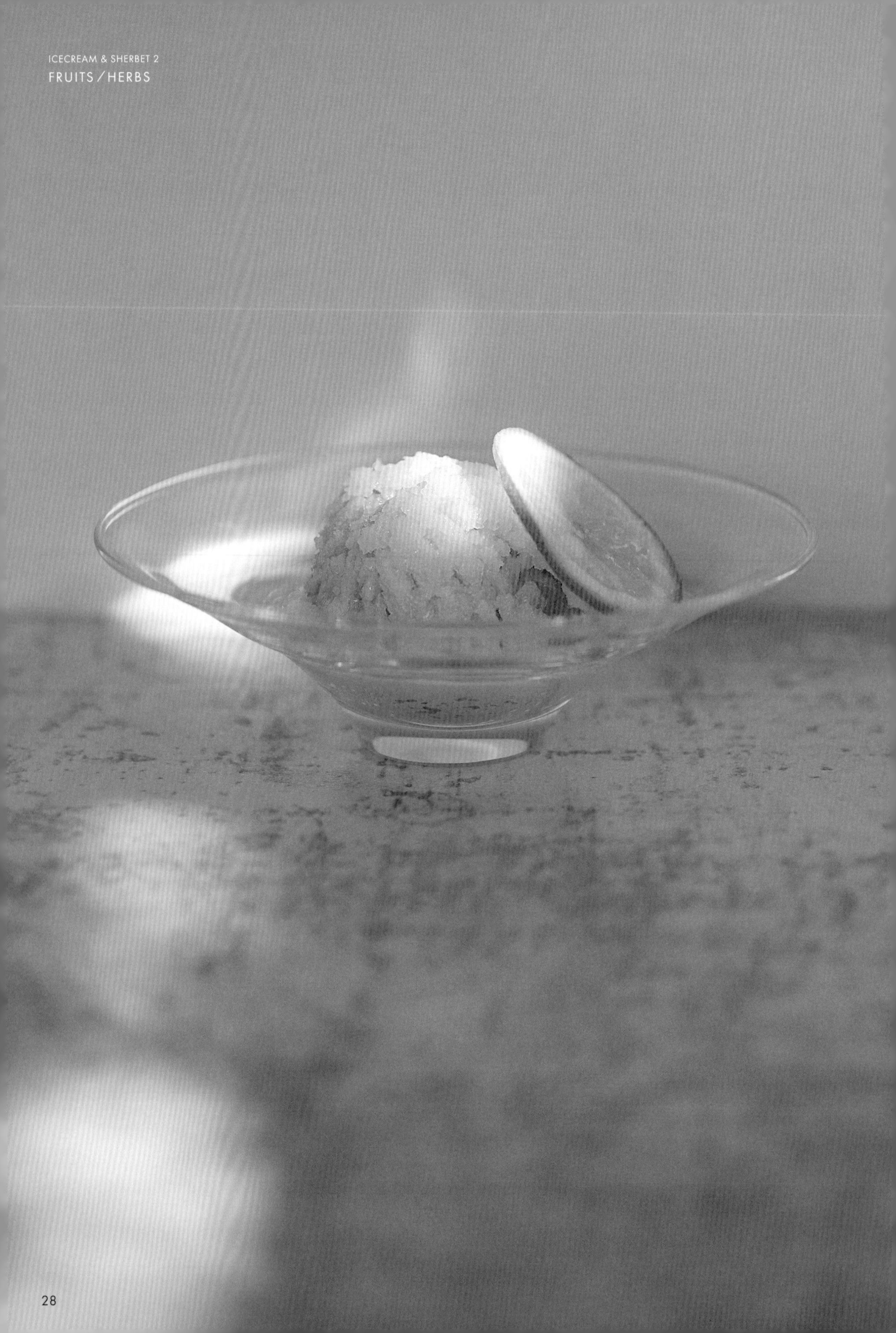

レモンシャーベット

a

ミルクが入ることで酸っぱすぎず、
マイルドな味わいに。口の中をさっぱりさせてくれる、
食後におすすめのデザート。

b

材料（19×17.5cmの保存袋1枚分）
砂糖（洗双糖*またはグラニュー糖）　100g
水　150mℓ
牛乳　150mℓ
レモン汁　150mℓ
*種子島のサトウキビから作られる、精製度の低い、
ミネラルが残った砂糖。

c

作り方
1. 鍋に砂糖と水を入れ、中火にかけて混ぜる（a）。砂糖が溶けたら、火を止めて冷ます。
2. 1に牛乳を加えて混ぜ、さらにレモン汁を加え（b）、よく混ぜ合わせる。
3. 保存袋に2を入れてバットに平らに置き（c）、冷凍庫で凍らせる。
4. 2時間くらいたったら冷凍庫から出し、袋の上からもむ（d）。これを2～3回繰り返す。器に盛り、レモンの輪切り（分量外）を添える。
   *食べる前にフードプロセッサーにかけると、なめらかに仕上がる。

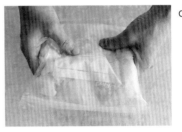
d

arrange

レモンマーマレード
シャーベット

柑橘の皮の苦みが、いいアクセントに。
白ワインの風味もよく合います。

作り方
レモンシャーベットの材料の水を同量の白ワインに替え、作り方2でレモンマーマレード大さじ2を加える。マーマレードはオレンジマーマレードでもOK。

モヒートグラニテ

グラニテはシャリシャリとした食感の
フランスの氷菓のこと。
溶けかけたところを、
ドリンクとして楽しむのもおすすめです。

材料（21×16.5×深さ3cmのバット1個分）
ライム　1個
ホワイトラム　50ml
炭酸水または水　300ml
はちみつ　大さじ1
スペアミントの葉　20〜30枚

作り方

1. バットにライムの果汁を搾り、皮はすりおろす（a）。
2. ホワイトラムと炭酸水または水、はちみつを加え、よく混ぜ合わせる（b）。
3. スペアミントを加え（c）、ラップをかけ、冷凍庫で凍らせる。食べる直前にフォークでかいて（d）、かき氷状にする。

a

b

c

d

すいかとバジルのグラニテ

ビネガーと塩が入って、
夏バテ予防にもなります。
冷たいトマトパスタの上にのせても
おいしい。

材料（21×16.5×深さ3cmのバット1個分）
すいか（正味）　300g
バジルの葉　10枚
白ワインビネガー　大さじ1/2
塩　ひとつまみ

作り方

1. すいかは一口大に切って種を取る。
2. 保存袋に1と残りの材料を入れて口を閉じ、袋の上からもんですいかを崩す。
3. 2をバットに移し、ラップをかけて冷凍庫で凍らせる。
4. 食べる直前にフォークでかいて、かき氷状にする。

マンゴーと杏仁の
アイスクリーム

{ 少し溶かしてマンゴーのとろりとした
食感と杏の風味のハーモニーを楽しんで。

材料 (21×16.5×深さ3cmのバット1個分)
▶ 杏仁アイスクリーム
生クリーム　100㎖
砂糖(洗双糖*またはグラニュー糖)　大さじ1
杏仁霜　大さじ1
牛乳　100㎖

▶ マンゴーアイスクリーム
マンゴー(正味)　250g(冷凍でもOK)
砂糖(洗双糖*またはグラニュー糖)　大さじ1
レモン汁　大さじ2
＊種子島のサトウキビから作られる、精製度の低い、
ミネラルが残った砂糖。

作り方

1. 杏仁アイスクリームを作る。ボウルに牛乳以外の材料を入れ、泡立て器で角が立つまで泡立てる。牛乳を少しずつ加えて混ぜる。

2. バットにオーブンシートを敷き、1を流し入れる。ラップをかけて冷凍庫で凍らせる。

3. マンゴーアイスクリームを作る。マンゴーは皮をむき、一口大に切る。

4. 鍋に3、砂糖、レモン汁を入れ、中火にかける。マンゴーを木べらで少しつぶしながら、とろりとするまで2〜3分加熱する。

5. 粗熱がとれたら、2の杏仁アイスクリームの上にのせ、ラップをかけて冷凍庫で凍らせる。食べる少し前に冷凍庫から出して室温におき、好みの大きさにカットする。

オーブンシートを敷くことで取り出しやすくなります。
カットしたアイスクリームをフードプロセッサーにかけて
ミックスすれば、また違ったおいしさに。

メロンと新しょうがの
ソルベ

ソルベは果汁を凍らせたフランスの冷菓。
フルーツの味とみずみずしさを
最大限に引き出したレシピです。

材料（19×17.5cmの保存袋1枚分）
メロン（アンデスメロンなど
　青肉系の完熟のもの）　1/2個（約500g）
新しょうがのすりおろし　1片分
はちみつ　大さじ1

作り方

1. メロンは種を取り除き、種まわりの果汁をこす。果
肉は皮をむき、一口大に切る。

2. 保存袋に1のこした汁と切った果肉、残りの材料を
入れて混ぜ合わせ、口を閉じて袋の上から少しもみ、
冷凍庫で凍らせる。

3. 食べる少し前に冷凍庫から出して室温におき、少し
やわらかくなったらフードプロセッサーにかけ、な
めらかになるまで攪拌する。

いちごとローズマリー、
ホワイトバルサミコのソルベ

意外な組み合わせですが
3つが合わさって絶妙な味に。
バルサミコの酸味が決め手です。

材料（19×17.5cmの保存袋1枚分）
いちご　300g
ローズマリー　2枝くらい
ホワイトバルサミコ　大さじ1
砂糖（洗双糖＊またはグラニュー糖）　大さじ3
＊種子島のサトウキビから作られる、精製度の低い、
ミネラルが残った砂糖。

作り方

1. いちごはヘタを取り5mm厚さに切る。

2. 鍋に1と残りの材料を入れ、よく混ぜ合わせて1時
間ほどおく。

3. 2を中火にかけ、沸騰したら弱火にして5分煮る。
粗熱がとれたら、ローズマリーの枝を取り除き、保
存袋に入れて、冷凍庫で凍らせる。

4. 食べる少し前に冷凍庫から出して室温におき、少し
やわらかくなったらフードプロセッサーにかけ、な
めらかになるまで攪拌する。

ブルーベリーとラベンダー、ミルクのアイスクリーム

アイスケーキ風に盛りつければ、
おもてなしにも。口に含むと、
ラベンダーがやさしく香ります。

材料（21×16.5×深さ3cmのバット1個分）
牛乳　50㎖
はちみつ　大さじ1
ラベンダー（ドライ）　1g
生クリーム　200㎖
ブルーベリー　80g（冷凍でもOK）
レモン汁　大さじ1/2

作り方
1. 鍋に牛乳、はちみつ、ラベンダーの半量を入れて弱火にかけ、ひと煮立ちさせて冷ます。
2. ボウルに生クリームを入れ、泡立て器で角が立つまで泡立てる。
3. 2に1をこしながら加え、よく混ぜ合わせる。
4. バットにオーブンシートを敷き、3を流し入れる。表面をならしたりせず、ふんわりとした状態にする。
5. ブルーベリーとレモン汁を混ぜ合わせ、4にのせる。残りのラベンダーも散らす。ラップをかけて冷凍庫で凍らせる。食べる少し前に冷凍庫から出して室温におき、好みの大きさにカットする。

上記のアイスクリームを少し室温においてやわらかくしてから、
フードプロセッサーにかければ、紫色がかわいいアイスクリームに変身。
2つの楽しみ方があります。

キウイとヨーグルトの
シャーベット

〉 よく熟したキウイを使うのが
〉 おいしく仕上げるポイント。
〉 はちみつが独特の酸味を和らげます。

材料（19×17.5cmの保存袋1枚分）
キウイ　3個
プレーンヨーグルト（無糖）　100g
はちみつ　大さじ1

作り方
1. キウイは皮をむき、一口大に切る。
2. フードプロセッサーに1と残りの材料を入れ、なめらかになるまで撹拌する。
3. 保存袋に2を入れ、平らにならして、冷凍庫で凍らせる。
4. 2時間くらいたったら冷凍庫から出し、袋の上からもむ。これを2〜3回繰り返す。
 ＊食べる直前にフードプロセッサーにかけると、なめらかに仕上がる。

パイナップルとヨーグルト、
カルダモンのシャーベット

〉 カルダモンの香りが
〉 南国気分を盛り上げる、
〉 夏の盛りに食べたいデザート。

材料（19×17.5cmの保存袋1枚分）
パイナップル（正味）　250g
プレーンヨーグルト（無糖）　100g
カルダモンパウダー　1g
はちみつ　大さじ1

作り方
1. パイナップルは一口大に切る。
2. フードプロセッサーに1と残りの材料を入れ、なめらかになるまで撹拌する。
3. 保存袋に2を入れ、平らにならして、冷凍庫で凍らせる。
4. 2時間くらいたったら冷凍庫から出し、袋の上からもむ。これを2〜3回繰り返す。
 ＊食べる直前にフードプロセッサーにかけると、なめらかに仕上がる。

グレープフルーツと
キャラメルのシャーベット

キャラメルは濃い色に仕上げて、
香ばしさと苦みを出します。
グレープフルーツのかすかな苦みと
相まって、極上の味わいに。

材料（21×16.5×深さ3cmのバット1個分）
生クリーム　50㎖ ＋50㎖
グレープフルーツ果汁　300㎖（約2個分）
きび砂糖　20g
塩　ひとつまみ

作り方

1. ボウルに生クリーム50㎖を入れ、泡立て器で角が立つまで泡立てる。

2. グレープフルーツ果汁を加えてよく混ぜ合わせ、バットに流し入れる。ラップをかけて冷凍庫で2〜3時間凍らせる。

3. 2がある程度凍ったら、鍋にきび砂糖を入れて強火にかける。煙が出て、濃いめの茶色になったら火から下ろし、生クリーム50㎖と塩を加え、木べらでよく混ぜ合わせる。

4. 3の粗熱がとれたら、2のグレープフルーツシャーベットの上にランダムに流し入れ、再びラップをかけて冷凍庫で凍らせる。

5. 食べる直前にディッシャーなどでかいて、器に盛りつける。

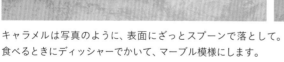

キャラメルは写真のように、表面にざっとスプーンで落として。
食べるときにディッシャーでかいて、マーブル模様にします。

ミックスベリーとナッツの
カッサータ

イタリアのアイスケーキ、カッサータ。
ヨーグルトと生クリーム、
どちらも1パックで作れます。

材料（8.5×18×高さ6cmのパウンド型1台分）
プレーンヨーグルト（無糖）　400g
砂糖　60g
アーモンド（無塩・細かく刻む）　30g
ベリー類（ブルーベリー、ラズベリー、
　ストロベリーなど）　合わせて200g
　（冷凍でもOK）
レモン汁　大さじ1
生クリーム　200ml

作り方

1. プレーンヨーグルトはペーパータオルを敷いたざるに入れ、半量になるまで水きりをする。

2. フライパンに水大さじ1と砂糖20gを入れて中火にかける。泡が出てきて、煮詰まってきたらアーモンドを入れてからめ、汁気がなくなったら火から下ろす。オーブンシートの上に出し、冷まして固める。

3. 鍋にベリー類、砂糖20g、レモン汁を入れ、中火にかけてひと煮立ちさせる。

4. ボウルに生クリーム、残りの砂糖を入れ、泡立て器で八分立てにする。1の水きりヨーグルトを3回に分けて加え、その都度よく混ぜ合わせる。

5. 2のキャラメリゼしたナッツ、3のベリーも加え、さっと混ぜ合わせる。

6. 型にオーブンシートを敷き、5を流し入れて平らにならし、表面にラップをぴったりとかけて冷凍庫で凍らせる。食べる少し前に冷凍庫から出して室温におき、好みの厚さに切る。

型に敷くオーブンシートは、上に少しはみ出すくらいに
大きめにし、アイスクリームの上部分を覆うようにして、
その上からラップをかけて凍らせます。

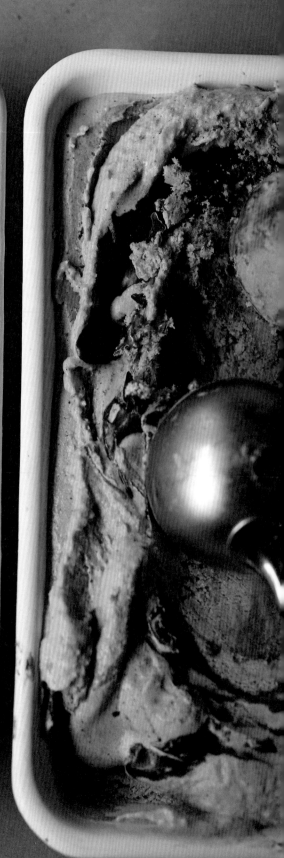

TEA／COFFEE

本間節子さん

ティー／コーヒー

抹茶、緑茶、ほうじ茶、紅茶、烏龍茶、
そしてコーヒー。
すがすがしい香りとほのかな苦みがくせになる
アイスクリーム＆シャーベットは、
ホームメイドならではの繊細な味わい。
お菓子研究家の本間節子さんが
茶葉とコーヒーの香りと味を
最大限に引き出すレシピを教えてくれました。

抹茶のアイスクリーム

卵黄は入れず、
お茶の味をしっかり感じられるレシピです。
アルミホイルをかけることで、褪色を防ぎ
抹茶の色がきれいに出ます。

材料（21×16.5×深さ3cmのバット1個分）
抹茶　10g
水　30㎖
グラニュー糖　60g
牛乳　200㎖
生クリーム　100㎖

作り方

1. ボウルに抹茶を茶こしでこして入れ、水を加えて泡立て器でよく混ぜる。グラニュー糖を加え、だまがなくなるように、練るようにしてよく混ぜる（a）。

2. 牛乳を沸騰直前まで温め、1に少しずつ加えてよく混ぜる。ボウルの底を氷水にあてて冷まし（b）、ボウルごと冷凍庫に2〜3時間入れて凍らせる。

3. 別のボウルに生クリームを入れてハンドミキサーで八分立てにし（c）、冷蔵庫で冷やす。

4. 2の全体が固まってきたら、ハンドミキサーの羽根を差し込んでほぐし（d）、その後低速で混ぜる（e）。

5. 4に3を加えて混ぜ、冷やしたバットに流し入れる（f）。アルミホイルをかけて再び冷凍庫で凍らせる。
　＊食べる前にゴムべらやスプーンで練り混ぜると、さらになめらかに。

コーヒーアイスクリーム

ひいた豆を使うから、
香りと苦みがしっかり残っています。
卵黄ときび砂糖でコクのある
味わいに仕上げました。

材料（21×16.5×深さ3cmのバット1個分）
コーヒー豆（中びき〜粗びきにする）　15g
熱湯　20ml
牛乳　200ml
卵黄　2個
きび砂糖　60g
生クリーム　100ml

作り方

1. 小さいボウルにコーヒーを入れ、熱湯をかけ（a）、2〜3分おく。

2. 鍋に牛乳と卵黄を入れて泡立て器で混ぜる。きび砂糖を加えてしっかり混ぜる（b）。

3. 2を弱火にかけ、ほんのり湯気が出てとろみがつくまで、ゴムべらで鍋底をこするようにして混ぜながら煮る（c）。

4. 1を加えて混ぜ、目の細かいこし器でこしながらボウルに移す（d）。ボウルの底を氷水にあてて冷まし、ボウルごと冷凍庫に2〜3時間入れて凍らせる。

5. 別のボウルに生クリームを入れて八分立てにし、冷蔵庫で冷やす。

6. 4の全体が固まってきたら、ハンドミキサーの羽根を差し込んでほぐし、その後低速で混ぜる（e）。

7. 6に5を加えて混ぜ（f）、冷やしたバットに流し入れる。ラップをかけて再び冷凍庫で凍らせる。

＊食べる前にゴムべらやスプーンで練り混ぜると、さらになめらかに。
＊コーヒーはあまり細かくひくと、こしにくくなるので注意。

arrange

抹茶小豆
アイスクリーム

〉おいしさを引き立て合う和の組み合わせ。
〉練乳で小豆をのばすことで
〉コクのある甘みをプラス。

作り方
ゆで小豆150ｇ（または粒あん150ｇに水少々を加えて温めたもの）と練乳15ｇを混ぜる。抹茶のアイスクリーム（p.46）の作り方5でバットにアイスクリームを入れたら、小豆と練乳を混ぜたものを加え、スプーンでさっと混ぜる。アルミホイルをかけ、冷凍庫で凍らせる。

arrange

コーヒーとチョコレートの
マーブルアイスクリーム

〉コーヒーの苦みに
〉チョコレートの甘みが加わって
〉後引くおいしさ。

作り方
鍋に牛乳30ｍℓを入れて火にかけ、沸騰させる。刻んだセミスイートチョコレート50ｇを加えてよく混ぜて溶かす。はちみつ10ｇを加えて混ぜ、冷ます。コーヒーアイスクリーム（p.48）の作り方7でバットにアイスクリームを入れたら、チョコレートソースを加え、スプーンでさっと混ぜる。ラップをかけ、冷凍庫で凍らせる。

ほうじ茶の
アイスクリーム

〈 さわやかな味の決め手はヨーグルト。
〈 生クリームだけよりも、
〈 軽い味わいに仕上がります。

材料（21×16.5×深さ3cmのバット1個分）
ほうじ茶の茶葉　15g

熱湯　50mℓ

牛乳　150mℓ

きび砂糖　60g

プレーンヨーグルト（無糖）　50g

生クリーム　100mℓ

作り方

1. 小さいボウルにほうじ茶の茶葉を入れて熱湯を注ぎ、ふたをして2分おく。

2. 鍋に牛乳ときび砂糖を入れて中火にかける。沸騰したら火を止めて1を加えて混ぜ、2分おく。茶こしでこしながら、ボウルに移す。ボウルの底を氷水にあてて冷ます。

3. 粗熱がとれたらプレーンヨーグルトを加えて混ぜ、ボウルごと冷凍庫に2〜3時間入れて凍らせる。

4. 別のボウルに生クリームを入れて八分立てにし、冷蔵庫で冷やす。

5. 3の全体が固まってきたら、ハンドミキサーの羽根を差し込んでほぐし、その後低速で混ぜる。

6. 5に4を加えて混ぜ、冷やしたバットに流し入れる。ラップをかけて再び冷凍庫で凍らせる。食べるときにほうじ茶の茶葉（分量外）を散らす。

＊食べる前にゴムべらやスプーンで練り混ぜると、さらになめらかに。

＊ほうじ茶は遠赤外線を利用した焙煎のものがおすすめ。盛りつけの際に使うと、香ばしくておいしい。

アールグレイといちごの
マーブルアイスクリーム

ベルガモットの香り漂う紅茶と
甘酸っぱいいちごがベストマッチ。
盛りつけるときに茶葉を散らせば、
さらに香りが楽しめます。

材料 (21×16.5×深さ3cmのバット1個分)
▶ アールグレイアイスクリーム
紅茶(アールグレイ)の茶葉　10g
熱湯　50mℓ
牛乳　250mℓ
きび砂糖　60g
はちみつ　10g
生クリーム　100mℓ

▶ いちごソース
いちご　100g
グラニュー糖　30g
レモン汁　小さじ2

作り方

1. 小さいボウルに紅茶の茶葉を入れて熱湯を注ぎ、ふたをして2分おく。

2. 鍋に牛乳ときび砂糖、はちみつを入れて中火にかける。沸騰したら火を止めて1を加えて混ぜ、2分おく。茶こしでこしながら、ボウルに移す。ボウルの底を氷水にあてて冷まし、ボウルごと冷凍庫に2〜3時間入れて凍らせる。

3. いちごソースを作る。ヘタを取って4等分に切ったいちごを鍋に入れてグラニュー糖とレモン汁を加え、いちごをつぶしながらとろみがつくまで煮る。

4. 別のボウルに生クリームを入れて八分立てにし、冷蔵庫で冷やす。

5. 2の全体が固まってきたら、ハンドミキサーの羽根を差し込んでほぐし、その後低速で混ぜる。

6. 5に4を加えて混ぜ、冷やしたバットに流し入れる。ラップをかけて再び冷凍庫で凍らせる。少し固まってきたら取り出し、いちごソースを加えてさっと混ぜる。冷凍庫に入れて凍らせる。盛りつけるときに、紅茶の茶葉(分量外)を散らす。

いちごソースをアールグレイアイスクリームの表面に
スプーンでたらします。混ぜすぎるとマーブル模様が
消えてしまうので注意を。

チャイのアイスクリーム

チャイはスパイスを使った
インド式のミルクティー。
市販のティーバッグを使えば、
手軽に作れます。

材料（21×16.5×深さ3cmのバット1個分）
チャイスパイスミックス*
　（好みのもので OK）　15g
牛乳　150ml
卵黄　2個
きび砂糖　60g
プレーンヨーグルト（無糖）　50g
生クリーム　100ml
＊紅茶、シナモン、カルダモン、ナツメグ、クローブ、
ローリエなどが配合されているもの。

作り方

1. 鍋に100mlの湯を沸かし、チャイスパイスミックスを入れて2分ほど弱火で煮る。

2. 別の鍋に牛乳と卵黄を入れて泡立て器で混ぜ、きび砂糖を加えてさらによく混ぜる。弱火にかけて、とろみがつくまで混ぜながら煮る。

3. 1を加えて混ぜ、目の細かいこし器か茶こしでこしながらボウルに移す。ボウルの底を氷水にあてて冷ます。プレーンヨーグルトを加えて混ぜ、ボウルごと冷凍庫に2〜3時間入れて凍らせる。

4. 別のボウルに生クリームを入れて八分立てにし、冷蔵庫で冷やす。

5. 3の全体が固まってきたら、ハンドミキサーの羽根を差し込んでほぐし、その後低速で混ぜる。

6. 5に4を加えて混ぜ、冷やしたバットに流し入れる。ラップをかけて再び冷凍庫で凍らせる。盛りつけるときに、クッキーやシナモンスティック（材料外）を添える。

＊食べる前にゴムべらやスプーンで練り混ぜると、さらになめらかに。

今回はチャイスパイスミックスのティーバッグを開けて
使用しました。ものによって配合は違いますが、
カルダモン、シナモンは必ず入っています。

煎茶のシャーベット
ミント風味

} 体の中から涼しくしてくれる、
} 見た目もさわやかな
} 夏におすすめのシャーベット。

材料（19×17.5cmの保存袋1枚分）
煎茶の茶葉　20g
グラニュー糖　40g
スペアミントの葉　3g

作り方

1. 容器に煎茶の茶葉を入れて、一度沸かして80℃まで冷ましたお湯400mℓを注ぐ。1分おいて、茶こしでこしながらボウルに移し、グラニュー糖を加えて、混ぜて溶かす。ボウルの底を氷水にあてて冷ます。

2. 鍋に湯を沸かし、スペアミントの葉を入れてさっとゆでる。冷水にとり、水気をふき取ったら、細かく刻む。

3. 冷たくなった1に2を加えて混ぜ、保存袋に入れ、冷凍庫で3時間ほどおいて凍らせる。

4. 半分ほど固まったら、めん棒でたたいて砕く。再度冷凍庫で凍らせ、袋の上からもみ、ハンドブレンダーかフードプロセッサーにかけてなめらかにする。盛りつけるときに、スペアミントの葉（分量外）を飾る。

コーヒーシャーベット
ラム酒 & ホイップクリームのせ

シャーベットだけでもおいしいですが、
ラム酒とホイップクリームを添えれば、
さらにリッチな味わいに。

材料（19×17.5cmの保存袋1枚分）
コーヒー豆（中びき〜粗びきにする）　40g
熱湯　350mℓ
きび砂糖　30g
ラム酒　適量（お好みで）
生クリーム　100mℓ

作り方

1. コーヒーをドリッパーに入れ、熱湯を少しずつ注いで300mℓのコーヒー抽出液を作る。

2. きび砂糖を加えて混ぜる。粗熱がとれたら保存袋に入れ、冷凍庫で3時間ほどおいて凍らせる。

3. 半分ほど固まったら、めん棒でたたいて砕く。再度冷凍庫で凍らせ、袋の上からもみ、ハンドブレンダーかフードプロセッサーにかけてなめらかにする。盛りつけるときに、好みでラム酒をかけ、六分立てにした生クリームをのせる。

紅茶のグラニテ 柑橘風味

オレンジは果肉がやわらかい旬のものが
おすすめです。グラニュー糖ですっきりとした
甘さに仕上げました。

材料（19×17.5cmの保存袋1枚分）
紅茶（セイロンティー）の茶葉　10g
熱湯　400㎖
グフニュー糖　30g
はちみつ　10g
オレンジ（国産）　1個

作り方

1. 容器に紅茶の茶葉を入れて熱湯を注ぐ。3分おいて、茶こしでこしながらボウルに移し、グラニュー糖とはちみつを加えて混ぜる。

2. オレンジは皮をすりおろし、残りは皮をむき果肉を切り取る。すりおろした皮は1に加え、ボウルの底を氷水にあてて冷やす。果肉は保存容器に入れ、冷蔵庫で冷やしておく。

3. 2の冷えた紅茶液を保存袋に入れ、冷凍庫に3時間ほどおいて凍らせる。

4. 半分ほど固まったら、めん棒でたたいて砕く。再度冷凍庫で凍らせ、袋の上からもむ。食べるときに、オレンジの果肉も一緒に盛る。

烏龍茶のグラニテ しょうが風味

今回は台湾産の高山烏龍茶を使いました。
烏龍茶は種類によって味が違うので、
お好きなもので楽しんで。

材料（19×17.5cmの保存袋1枚分）
烏龍茶の茶葉　15g
熱湯　450㎖
しょうがの薄切り　5g
グラニュー糖　25g
はちみつ　20g
しょうがのはちみつ煮（右記参照）　適量

作り方

1. 容器に烏龍茶の茶葉を入れて熱湯を注ぐ。3分おいて、茶こしでこしながらボウルに移し、しょうがの薄切りとグラニュー糖、はちみつを加えて混ぜる。ボウルの底を氷水にあてて冷やす。

2. 1の冷えた烏龍茶液を保存袋に入れ、冷凍庫に3時間ほどおいて凍らせる。

3. 半分ほど固まったら、めん棒でたたいて砕く。再度冷凍庫で凍らせ、袋の上からもむ。食べるときに、しょうがのはちみつ煮をのせる。

〜〜〜〜〜〜〜〜〜〜〜〜〜〜〜〜

［しょうがのはちみつ煮］

作り方
鍋にしょうがの薄切り30gとはちみつ30gを入れる。烏龍茶のグラニテを作るときに残った烏龍茶の茶葉に100㎖の湯を注ぎ、こして加える。弱火にかけ、つやが出て、汁気が少なくなるまで煮る。

〜〜〜〜〜〜〜〜〜〜〜〜〜〜〜〜

コーヒークリーム
チーズアイスケーキ

﹀ ラムが香るコーヒーシロップが
﹀ 染みたビスケットと
﹀ 甘さ控えめのチーズアイスを
﹀ ティラミス風のアイスケーキに。

材料（直径12cmの丸型1台分）
コーヒー豆（細びきにする）　20g
熱湯　100mℓ
きび砂糖　20g＋30g
ラム酒　小さじ1（好みで）
クリームチーズ　100g
プレーンヨーグルト（無糖）　100g
生クリーム　100mℓ
ダイジェスティブビスケット　8枚
ココアパウダー　適量

下準備
・型の底と側面にオーブンシートを敷き込む。
・クリームチーズを室温にもどす。

作り方

1. コーヒーをドリッパーに入れ、熱湯を少しずつ注いで60mℓのコーヒー抽出液を作る。

2. ボウルに1ときび砂糖20g、ラム酒を入れて混ぜ、冷蔵庫で冷やす。

3. 別のボウルにクリームチーズを入れて泡立て器で混ぜ、きび砂糖30gを加えてなめらかになるまで混ぜる。プレーンヨーグルトを加えてさらに混ぜる。

4. 別のボウルに生クリームを入れて九分立てにし、3に加えて混ぜる。

5. 型の底にビスケットの半量を砕いて入れ、2のコーヒーシロップの半量をスプーンでまんべんなくかけて、染み込ませる。4の半量を入れて平らにならす。

6. バットに残りのコーヒーシロップを入れ、残りのビスケットを大きめに砕いて浸し、5の表面に敷き詰める。残りの4を入れて平らにならす。冷凍庫に入れて凍らせる。

7. 型から外し、側面のオーブンシートをはがす。表面にココアパウダーを茶こしでこしながらふりかける。少し室温におき、好みの大きさにカットする。

型にオーブンシートを敷くことで、取り出しやすくなります。
ココアパウダーをかけると、ぐっとティラミス風に。

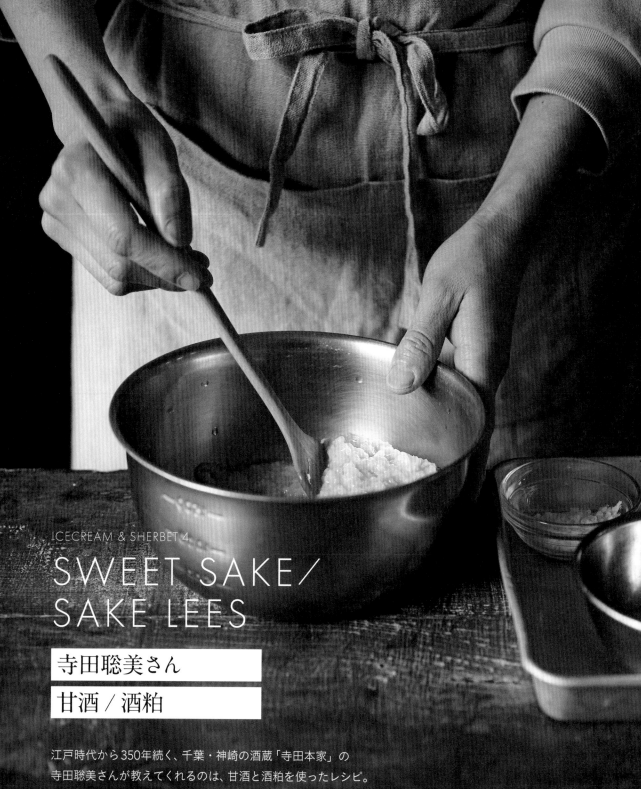

SWEET SAKE／
SAKE LEES

寺田聡美さん

甘酒／酒粕

江戸時代から350年続く、千葉・神崎の酒蔵「寺田本家」の
寺田聡美さんが教えてくれるのは、甘酒と酒粕を使ったレシピ。
砂糖も乳製品も卵も使わない、ヴィーガンアイスクリームです。
驚くほどなめらか、そしてやさしい甘さは
お子さんからお年寄りまで、幅広い世代で楽しめます。
甘酒も酒粕も麹由来のもの。お好きな方はぜひ、
日本酒との組み合わせも試してみてください。

甘酒きなこアイスクリーム

a

> 乳製品も卵も使っていないのに、
> 驚くほどクリーミー。
> 黒豆きなこが見た目にも、味にもアクセントに。

b

材料（19×17.5cmの保存袋1枚分）
2倍濃縮甘酒（下記参照）　250g
菜種油　大さじ2強
木綿豆腐　120g
黒豆きなこ　大さじ1

c

作り方

1. 鍋に甘酒を入れて中火にかけ、2割ほど煮詰める（a）。
2. フードプロセッサーに1と残りの材料を入れて、なめらかになるまで攪拌する（b）。
3. 保存袋に入れて平らにならし（c）、冷凍庫で凍らせる。
4. 食べる少し前に冷凍庫から出して室温におき、手でもんでやわらかくする。フードプロセッサーにかけると、よりなめらかになる（d）。器に盛り、黒豆きなこ適量（分量外）をふる。

d

［2倍濃縮甘酒］

材料（作りやすい分量　出来上がり量500g）
冷めたごはん　300g
熱湯　300ml
米麹　100g

作り方

炊飯器の内釜に冷めたごはんを入れ、熱湯を加えてよく混ぜる。米麹を加え、さらによく混ぜる。ほこりが入らないように布巾をかけ、保温スイッチを入れる。ふたをせずに10〜15時間保温する（55〜60℃）。ほんのり色づいて、甘みが出たら完成。

＊冷蔵で保存する場合は一度沸騰させて発酵を止める。1週間保存可能。冷凍する場合は加熱せず、1カ月保存可能。

酒粕ドライフルーツ＆
ナッツアイスクリーム

a

b

} 酒粕が醸し出す深みのある味わいが楽しめます。
} 好みのドライフルーツとナッツでどうぞ。

材料（19×17.5cmの保存袋1枚分）

カシューナッツ　25g	豆乳（無調整）　100mℓ
2倍濃縮甘酒（p.65）　100g	酒粕*　25g
レモン汁　大さじ1/2	塩　少々

レーズン、ドライマンゴー（粗く刻む）　各20g
ピスタチオ、アーモンド（粗く刻む）　各10g
＊酒粕のアルコールが気になる場合は、同量の水と合わせて
3分ほど中火にかけ、アルコール分をとばし、冷まして使う。

c

作り方

1. ボウルにカシューナッツと豆乳を入れ、冷蔵庫で半日おく。
2. フードプロセッサーに甘酒と酒粕、レモン汁、塩、1を入れて（a）、なめらかになるまで攪拌する（b）。
3. 保存袋に2とドライフルーツ、ナッツを入れ（c）、平らにならして冷凍庫で凍らせる。
4. 食べる少し前に冷凍庫から出して室温におき、手でもんでやわらかくする（d）。

d

arrange

酒粕煮りんごアイスクリーム

} りんごの皮でほんのり赤く仕上がります。
} ほどよい酸味で、すっきりとした後味に。

作り方

煮りんごを作る。りんご150gは皮つきのまま薄切りにする。鍋に入れて塩少々をふり、水大さじ1を加えて弱火で蒸し煮にして冷ます。酒粕ドライフルーツ＆ナッツアイスクリームの作り方2の後に煮りんごを加え、再度攪拌する（ドライフルーツ、ナッツは加えない）。保存袋に入れ、同様に凍らせる。

甘酒チョコレートアイスクリーム
いちじくの日本酒漬け添え

ココアと甘酒で作る軽やかなチョコレート味。
日本酒が香るいちじくを添えれば、
大人のデザートが完成。

材料（19×17.5cmの保存袋1枚分）
カシューナッツ　50g
豆乳（無調整）　大さじ2
2倍濃縮甘酒（p.65）　230g
ココアパウダー　15g
いちじくの日本酒漬け（下記参照）　適量

作り方

1. ボウルにカシューナッツと豆乳を入れ、冷蔵庫で半日おく。
2. フードプロセッサーに甘酒とココアパウダー、1を入れ、なめらかになるまで攪拌する。
3. 保存袋に入れて平らにならし、冷凍庫で凍らせる。
4. 食べる少し前に冷凍庫から出して室温におき、手でもんでやわらかくする。器に盛り、半分に切ったいちじくの日本酒漬けを添える。

[**いちじくの日本酒漬け**]

材料（作りやすい分量）
いちじく（ドライ）　4個（30g）
日本酒　30mℓ
＊いちじくと日本酒は同量。

作り方
いちじくに日本酒をまぶし、一晩ほどおく。

甘酒いちご
ヨーグルトアイスクリーム

ベリー類は甘酒と相性ばつぐん。
中でもいちごは、甘酒に入れて
いちご甘酒が楽しめます。
アイスも、もちろんおいしい。

材料（19×17.5cmの保存袋1枚分）
豆乳ヨーグルト　200g
2倍濃縮甘酒（p.65）　200g
米油　大さじ1と1/2
いちご（ヘタを取って、粗く刻む）　120g

作り方
1. 豆乳ヨーグルトはペーパータオルを敷いたざるに入れ、半量になるまで水きりをする。
2. フードプロセッサーに甘酒と米油、1を入れ、なめらかになるまで攪拌する。
3. 保存袋にいちごと2を入れる。白いペーストにいちごが少し溶け出すくらいまで手でもみ、平らにならして冷凍庫で凍らせる。
4. 食べる少し前に冷凍庫から出して室温におき、手でもんでやわらかくする。
  ＊豆乳ヨーグルトは普通のヨーグルトに替えてもOK。

甘酒ブルーベリー
ヨーグルトアイスクリーム

ブルーベリーは、生でもいいですが
冷凍でもおいしく作れます。
豆乳ヨーグルトを合わせてまろやかな味に。

材料（19×17.5cmの保存袋1枚分）
豆乳ヨーグルト　200g
2倍濃縮甘酒（p.65）　200g
米油　大さじ1と1/2
ブルーベリー　120g

作り方
1. 豆乳ヨーグルトはペーパータオルを敷いたざるに入れ、半量になるまで水きりをする。
2. フードプロセッサーに甘酒と米油、1を入れ、なめらかになるまで攪拌する。
3. 保存袋にブルーベリーと2を入れる。白いペーストにブルーベリーが少し溶け出すくらいまで手でもみ、平らにならして冷凍庫で凍らせる。
4. 食べる少し前に冷凍庫から出して室温におき、手でもんでやわらかくする。
  ＊豆乳ヨーグルトは普通のヨーグルトに替えてもOK。

甘酒かぼちゃ
ココナッツアイスクリーム

かぼちゃとココナッツの濃厚な味わい。
ほんの少し加えた塩が味を引き締めます。

材料（19×17.5cmの保存袋1枚分）
かぼちゃ　100g
塩　少々
2倍濃縮甘酒（p.65）　160g
ココナッツオイル*　80g
＊ココナッツオイルは香りのあるものを使用。
＊ココナッツオイルが固まっている場合は、
湯せんにかけてなめらかにしてから使う。

作り方

1. かぼちゃは皮ごと薄切りにする。
2. 鍋に1を入れ、塩をふり、水大さじ1ほどを加えてふたをし、弱火で蒸し煮にする。火が通ったら冷ます。
3. フードプロセッサーに甘酒とココナッツオイル、2を入れてなめらかになるまで攪拌する。
4. 保存袋に入れて平らにならし、冷凍庫で凍らせる。
5. 食べる少し前に冷凍庫から出して室温におき、手でもんでやわらかくする。フードプロセッサーにかけると、よりなめらかになる。

甘酒ずんだアイスクリーム

豆と甘酒の自然な甘さに癒やされる、
やさしい味。冷凍枝豆でもできますが、
ぜひ旬の新鮮なものを使って。

材料（19×17.5cmの保存袋1枚分）
枝豆（正味）　60g
2倍濃縮甘酒（p.65）　240g
菜種油　大さじ1

作り方
1. 枝豆はやわらかくゆでて、さやから出す。
2. フードプロセッサーに甘酒と菜種油、1を入れてなめらかになるまで攪拌する。
3. 保存袋に入れて平らにならし、冷凍庫で凍らせる。
4. 食べる少し前に冷凍庫から出して室温におき、手でもんでやわらかくする。

甘酒黒ごまアイスクリーム

乳製品を使っていないので、
さっぱりとした味わい。
豆腐の豆の風味も黒ごまによく合います。

材料（19×17.5cmの保存袋1枚分）
2倍濃縮甘酒（p.65）　200g
黒ごま　20g
木綿豆腐　100g

作り方
1. フードプロセッサーに材料をすべて入れ、なめらかになるまで攪拌する。
2. 保存袋に入れて平らにならし、冷凍庫で凍らせる。
3. 食べる少し前に冷凍庫から出して室温におき、手でもんでやわらかくする。

甘酒キウイシャーベット

キウイと甘酒を混ぜて凍らせるだけの
簡単シャーベット。
キウイの少しとがった酸味を
甘酒が和らげてくれます。

材料（19×17.5cmの保存袋1枚分）
2倍濃縮甘酒（p.65）　250g
キウイ（完熟のもの）　1個（100g）

作り方

1. キウイは皮をむき、一口大に切る。
2. 保存袋に甘酒と1を入れ、もみ混ぜる。全体が混ざったら平らにならして、冷凍庫で凍らせる。
3. 食べる少し前に冷凍庫から出して室温におき、手でもんでやわらかくする。

甘酒ゆずシャーベット
日本酒がけ

甘酒とゆずの相性はばつぐん。
皮を器に使えば、おもてなしにも。
日本酒が意外なほど、よく合います。
お好きな方は、たっぷりかけてどうぞ。

材料（19×17.5cmの保存袋1枚分）
2倍濃縮甘酒（p.65）　300g
ゆず果汁　大さじ1
ゆずの皮のすりおろし　小さじ1/2
日本酒　適量（お好みで）

作り方
1. 保存袋に日本酒以外の材料をすべて入れ、全体を混ぜ、平らにならして、冷凍庫で凍らせる。
2. 食べる少し前に冷凍庫から出して室温におき、手でもんでやわらかくする。好みで日本酒をかけて食べてもおいしい。

　＊ゆずの中身をくりぬき、凍らせて器にしてもよい。

さつまいも甘酒のアイスクリーム

さつまいものナチュラルな甘さが楽しめる、
さつまいも甘酒を使って。
保存袋でも作れますが、カヌレ型で作れば、
コロンとかわいい仕上がりに。

材料（口径約5cmのカヌレ型4個分）
さつまいも甘酒（下記参照）　300g
片栗粉　大さじ1/2
豆乳（無調整）　30mℓ

作り方

1. フードプロセッサーにさつまいも甘酒を入れてなめらかになるまで攪拌する。
2. 小さいボウルに片栗粉と豆乳を入れ、よく混ぜる。
3. 鍋に1を入れて中火にかけ、温まったら2を加え、ゴムべらで混ぜてよく練る。
4. カヌレ型に流し入れて冷まし、冷めたらラップをかけて冷凍庫で凍らせる。
5. 食べるときは、水を張った容器にカヌレ型を浸して少し解凍し、皿に取り出す。

[さつまいも甘酒]

材料（作りやすい分量　出来上がり量500g）
さつまいも　300g
熱湯　300mℓ
米麹　100g

作り方

1. さつまいもは皮ごと1cm厚さの輪切りにし、蒸し器で蒸す。火が通ったら冷ます。
2. 炊飯器の内釜に1を入れ、マッシャーでつぶす（a）。
3. 2に熱湯を注ぎ、ひと混ぜしたら、米麹を加えて混ぜ合わせる（b）。
4. ほこりが入らないように布巾をかけ、保温スイッチを入れる。ふたをせずに10〜15時間保温する（55〜60℃）。
   ＊冷蔵で保存する場合は一度沸騰させて発酵を止める。3日間保存可能。冷凍する場合は加熱せず、1カ月保存可能。

a

b

坂田阿希子

本格的な洋風料理から、家庭料理、お菓子と幅広いレパートリーをもつ料理研究家。代官山のレストラン「洋食 KUCHIBUE」店主。著書に『焼き菓子』(河出書房新社)、『わたしの料理』(筑摩書房)など。

本間節子

お菓子研究家、日本茶インストラクター。お菓子教室「atelier h」主宰。素材の味を大切にしたお菓子作りに定評がある。著書に『atelier h 季節の果物とケーキ』(主婦の友社)など。

中川たま

逗子在住の料理研究家。旬の野菜、果物、ハーブを使ったセンスあふれる料理が人気。著書に『たまさんの食べられる庭』『自家製の米粉ミックスでつくるお菓子』(ともに家の光協会)など。

寺田聡美

江戸時代から続く千葉の酒蔵「寺田本家」23 代目の次女として生まれる。マクロビオティックを学ぶ。蔵元ならではの発酵レシピは多くのファンを持つ。著書に『寺田本家のおつまみ手帖』(家の光協会)など。

甘すぎない、大人の味わい
アイスクリーム & シャーベット

2024年5月20日　第1刷発行
2024年5月25日　第2刷発行

発行者　木下春雄
発行所　一般社団法人 家の光協会
　　　　〒162-8448
　　　　東京都新宿区市谷船河原町11
　　　　電話　03-3266-9029 (販売)
　　　　　　　03-3266-9028 (編集)
　　　　振替　00150-1-4724
印刷・製本　図書印刷株式会社

デザイン　福間優子
撮影　邑口京一郎
スタイリング　西崎弥沙
編集　小島朋子
校正　安久都淳子
DTP 制作　天龍社